MÉTHODE
DE
LECTURE SANS ÉPELLATION

PAR ABRIA

Adoptée par le Conseil de l'instruction publique
le 6 février 1838.

NOUVELLE ÉDITION

PARIS
GARNIER FRÈRES, LIBRAIRES

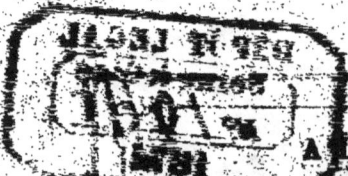

A LA MÊME LIBRAIRIE.

Tableaux de lecture courante sans épellation.
28 grands tableaux où sont représentées toutes les difficultés qui arrêtent les enfants, par M. Abria . . . . . 1 fr. 40

Ouvrage adopté par l'Université.

Histoire de l'ancien Testament, par le chanoine Schmid, in-18, fig., cart. . . . . 50 c.
Histoire du nouveau Testament, par le chanoine Schmid, in-18, fig., cart. . . . . 50 c.

Ces deux volumes, tirés des œuvres du chanoine Schmid, servent spécialement de livres de lecture dans la presque totalité des écoles primaires. Ils sont adoptés par le Comité central de Paris, et revêtus de l'approbation de l'évêché de Strasbourg.

Manuel de morale pratique et religieuse, à l'usage des écoles primaires des deux sexes, des pères et mères de famille, par MM. *Alex. Barbier et Chenet.* In-12, cart. Partie du maître. . . . . 1 fr. 20

Résumé du Manuel de morale pratique et religieuse, in-12, cart. Partie de l'élève. . . . . 40 c.

Cet ouvrage a obtenu l'approbation de Mgr l'Archevêque de Sens, et la prime votée par le Conseil général de l'Yonne en faveur du meilleur livre de morale. Il est aussi *autorisé par l'Université.*

Leçons choisies d'instruction morale et religieuse, extraites des meilleurs auteurs, pour l'usage des écoles catholiques, par M. D. Soullier. In-12, cartonné.
. . . . 1 fr. 50

Ouvrage approuvé par Mgr l'Archevêque de Paris, et autorisé par l'Université.

Livre d'instruction morale et religieuse, à l'usage des écoles primaires, élémentaires et supérieures, des écoles normales et des commissions d'examen. 1 vol. in-12, cart. . . . . 1 fr. 40

Autorisé par l'Université.

La Morale en action, recueil nouveau de traits historiques les plus propres à former l'esprit et le cœur, avec des réflexions et des notes instructives et curieuses, par MM. *Charles Morin et Ouitard.* Nouvelle édition. In-12, cart. . . . . 1 fr.

MÉTHODE

DE

LECTURE SANS ÉPELLATION

PAR ABRIA

Adoptée par l'Université, le 6 février 1838.

NOUVELLE ÉDITION

PARIS

LANGLOIS ET LECLERCQ, LIBRAIRES

GARNIER FRÈRES, SUCCESSEURS

6, RUE DES SAINTS-PÈRES.

LA MÊME MÉTHODE EN **28** TABLEAUX
1 fr. 40 cent.

CORBEIL.— Typ. et stér. de CRÉTÉ FILS. —

MÉTHODE DE LECTURE.

VOYELLES BRÈVES.

a e é è i y ou

Comme dans le, été, mère, *lisez* i ou i *grec,*

VOYELLES LONGUES.

â ê î ô û

CONSONNES.

b c d f g j k l m

Prononcez be que de fe gue je que le me

n p r s t v x z

ne pe re se te ve cse ze

EXERCICE.

a b c e k é d p b l f v o u

z s g j o é è e s z x z p e

c k d i o v f j u è x s d p

r x s z t s v a l m n r n s

b l u è é e c d p r s x z f

SYLLABES DE DEUX LETTRES.

	a	e	é	è	ê	i	y	o	u
b	ba	be	bé	bè	bê	bi	by	bo	bu
c	ca	«	«	«	«	«	«	co	cu
d	da	de	dé	dè	dê	di	dy	do	du
f	fa	fe	fé	fè	fê	fi	fy	fo	fu
g	ga	«	«	«	«	«	«	go	gu
j	ja	je	jé	jè	jê	ji	jy	jo	ju
k	ka	ke	ké	kè	kê	ki	ky	ko	ku
l	la	le	lé	lè	lê	li	ly	lo	lu
m	ma	me	mé	mè	mê	mi	my	mo	mu
n	na	ne	né	nè	nê	ni	ny	no	nu
p	pa	pe	pé	pè	pê	pi	py	po	pu
r	ra	re	ré	rè	rê	ri	ry	ro	ru
s	sa	se	sé	sè	sê	si	sy	so	su
t	ta	te	té	tè	tê	ti	ty	to	tu
v	va	ve	vé	vè	vê	vi	vy	vo	vu
x	xa	xe	xé	xè	xê	xi	xy	xo	xu
z	za	ze	zé	zè	zê	zi	zy	zo	zu

LECTURE.

Jo ly a fi ni sa sa la de. — la pi pe de pa pa. — la lu ne a pâ li. — re né a bu du ca fé. — la ro be de ma mè re. — re my a po li u ne li me. — l'a xe de la pe lo te. — la ri xe a é té fa ta le à ju le. — le lu xe a é té i nu ti le. — la fi dé li té de jé rô me. — re né i ra à l'é co le. — fi fi se se ra sa li à la ca ve. — l'é tu de se ra u ti le. — a xio- me. — lé vi a vu u ne da me. — dé jà le rô ti a été le vé. — le pa vé se ra la vé. — u ne ma xi me u ti le. — le vo lu me a é té é ga ré. — la vi pè re a pé ri. — le dî né se ra fi xé. — la ju ju be de l'a mi. — le ca rê me fi ni ra sa me di. — lè ve la tê te. — l'é té a ra ni mé la na tu re. — ma mè re fi le. — le ma la de se lè ve ra à mi di. — ma mè re a sa lé le rô ti. — rosa a vu le na vi re. — u ne fi ne la me. — la mo ra le du cu ré. — la li no te de ju le. — la pu re té de l'â me. — ca ro li ne ré vè re sa mè re. — l'é tu de de la do ru re. — sa ra i ra à la ca ba ne de la mè re jo ly. — a dè le a u ne ro be de ga ze. — rené a égaré sa tabatière. — évite la colère. — adore la divinité. — porte de l'amitié à ta mère. — l'ami de papa sera fidèle. — dire la pure vérité. — le navire a été jeté à la côte. — la rame du pilote. — la dorure sera solide. — la parure d'une dame. — une sérénade finira la fête du député. — papa a été à babylone. — une lyre sonore. — rosa dira la vérité. — rébecca a été fidèle. — de la panade. — la cure du malade. — le mérite révéré. — jule obéira à sa mère. — le pilote a ramené le navire. — papa me fera lire. — la sérénité de sa figure. — la rapidité de la rivière. — je dîne à midi. — la fête de ma mère sera samedi. — une rare aménité pare sa figure.

SYLLABES INVERSES.

	b	c	d	f	g	j	l
a	ab	ac	ad	af	ag	aj	al
i	ib	ic	id	if	ig	ij	il
y	yb	yc	yd	yf	yg	yj	yl
o	ob	oc	od	of	og	oj	ol
u	ub	uc	ud	uf	ug	uj	ul

	p	r	s	t	v	x	z
a	ap	ar	as	at	av	ax	az
i	ip	ir	is	it	iv	ix	iz
y	yp	yr	ys	yt	yv	yx	yz
o	op	or	os	ot	ov	ox	oz
u	up	ur	us	ut	uv	ux	uz

EXERCICE.

ab	ub	uc	yd	of	ug	ac	id	a.
uv	as	ir	il	ac	ij	ys	ox	up	ul
al	ol	ir	it	is	it	is	it	ab	ip
at	uz	il	af	op	ul	il	ib	iv	oz

SYLLABES DE TROIS LETTRES.

	ac	ar	al	il	if	is	ol	or	ul
b	bac	bar	bal	bil	bif	bis	bol	bor	bul
c	cac	car	cal	«	«	«	col	cor	cul
d	dac	dar	dal	dil	dif	dis	dol	dor	dul
f	fac	far	fal	fil	fif	fis	fol	for	ful
g	gac	gar	gal	«	«	«	gol	gor	gul
j	jac	jar	jal	jil	jif	jis	jol	jor	jul
k	kac	kar	kal	kil	kif	kis	kol	kor	kul
l	lac	lar	lal	lil	lif	lis	lol	lor	lul
m	mac	mar	mal	mil	mif	mis	mol	mor	mul
n	nac	nar	nal	nil	nif	nis	nol	nor	nul
p	pac	par	pal	pil	pif	pis	pol	por	pul
r	rac	rar	ral	ril	rif	ris	rol	ror	rul
s	sac	sar	sal	sil	sif	sis	sol	sor	sul
t	tac	tar	tal	til	tif	tis	tol	tor	tul
v	vac	var	val	vil	vif	vis	vol	vor	vul
x	xac	xar	xal	xil	xif	xis	xol	xor	xul
z	zac	zar	zal	zil	zif	zis	zol	zor	zul

LECTURE.

gar nir u ne ta ble. — par tir de ro mé.
— le til bu ry a cas sé. — il pa ti ne ra sur
le ca nal. — il gar de ra le li vre. — il dormi ra sur la ta ble. — il gar de ra sa pa-
ro le. — il a ad mi ré le sys tè me de la
na tu re. — il a du myr te. — le gar de a
été ma ti nal. — la taxe a pa ru for te. —
il a cul bu té. — il a ar rê té à u ne vir-
gu le. — il a sui vi la for ma li té. —
l'or dre a é té ré ta bli. — il a ras su ré
re my. — la car te de pa pa. — l'â ne se ra
ré tif. — il a ré col té du blé. — la mor-
su re de l'a ni mal a é té for te. — il a
cas sé le ca nif de ma mè re. — le dî né
a é té mal gar dé. — il a mor du sa tar-
ti ne. — il se ra car ni vo re. — cas tor a
mor du vic tor. — il a ri de sa mor su re.
— ar mi de a du ca rac tè re. — mé dor
a dor mi sur la por te du cà fé. — il passe ra par le fi nis tè re. — la cor de de
l'arc a cas sé. — le nè gre du sé né gal. —
le turc a gra vi sur le mur. — il te forme ra le ca rac tè re. — il li ra le li vre

de la bi ble. — re my a dor mi sur le ca-
na pé. — cas tor a gar dé l'é ta ble. — le
par ti pa trio te a ré us si. — une mar-
melade de prunes. — rené portera l'uni-
forme de la garde. — il se procurera une
cocarde tricolore. — il a dîné à la gargote.
— la marmite sera propre. — il ira à l'école
normale. — il a dévoré le total de sa for-
tune. — la rivière a débordé. — suivre le
modèle. — il a mérité d'être puni. — l'a-
miral passera mardi. — il partira samedi.
— le portugal. — il ornera le mur du côté
de la rivière.

ALPHABET DE MAJUSCULES.

A B C D E F G H I

J K L M N O P Q R

S T U V W X Y Z.

SONS COMPOSÉS DE PLUSIEURS LETTRES.

ai au   eu ou

Prononcez è,   ô, *comme dans* vœu,   mou,

ei eau   œu oi

è,   ô,   *comme dans* loi.

SYLLABAIRE.

	ai	ei	au	eau	eu	œu	ou	o
b	bai	bei	bau	beau	beu	bœu	bou	boi
c	cai	cei	cau	ceau	ceu	cœu	cou	coi
d	dai	dei	dau	deau	deu	dœu	dou	doi
f	fai	fei	fau	feau	feu	fœu	fou	foi
g	gai	«	gau	«	«	gœu	gou	goi
j	jai	jei	jau	jeau	jeu	jœu	jou	joi
k	kai	kei	kau	keau	keu	kœu	kou	koi
l	lai	lei	lau	leau	leu	lœu	lou	loi
m	mai	mei	mau	meau	meu	mœu	mou	moi
n	nai	nei	nau	neau	neu	nœu	nou	noi
p	pai	pei	pau	peau	peu	pœu	pou	poi
r	rai	rei	rau	reau	reu	rœu	rou	roi
s	sai	sei	sau	seau	seu	sœu	sou	soi
t	tai	tei	tau	teau	teu	tœu	tou	toi
v	vai	vei	vau	veau	veu	vœu	vou	voi
x	xai	xei	xau	xeau	xeu	xœu	xou	xoi
z	zai	zei	zau	zeau	zeu	zœu	zou	zoi

LECTURE.

« Dieu se ra no tre li bé ra teur. — J'aime ma mè re. — La loi a é té fai te. —
J'i rai au bu reau de pa pa. — Le sau le
du pré. — Il a cas sé un ra meau. — Le
tau reau i ra paî tre. — J'au rai du veau
pour mar di. — Il a ma nœu vré sur le
ra deau. — Re my a été ai ma ble. —
J'i rai jeu di à la pro me na de sur la
rou te neu ve. — J'ai vu u ne pou le. —
La meu le tour ne. — Il va sur l'èau. —
Le ba teau du pè re Joly. — Il a par-
cou ru tou te l'Eu ro pe. — L'œuf de la
pou le. — Il au ra de la sou pe ou du
gâ teau. — La tau pe a veu gle. — Le nouveau ve nu. — Rou leau pour pé trir la
pâ te. — J'ai vu u ne ta ble d'a ca jou.
— La mou tu re a é té tar di ve. — Il
é cri ra sur le bu reau de pa pa. — Il a
a meu té le peu ple. — Fai re tai re la
pou le. — Le myr te fleu ri ra. — Il a
ob te nu u ne fa veur. — Il a é prou vé
de la dou leur. — Le mo ni teur m'a puni.
— J'au rai u ne bou le d'i voi re. —

U ne boî te d'a ca jou. — J'ai vu u ne bê te noi re. — De la cou leur. — Toi. — Moi. — Soi. — Le jour va pa raî tre. — J'i rai te voir sur le soir. — Le dé jeu ner a é té sui vi d'u ne pro me na de. — Le pourtour de la cour. — Le four se sera refroidi. — Le buveur a dormi. — Ta sœur a su sa prière. — J'aime Dieu. — Il sera le seul adoré. — La reine passera à midi. — Le rideau de la fenêtre. — Il a fait de la peine au roi. — Le jeu de paume. — Le bedeau de la Madeleine.

AUTRES SONS

COMPOSÉS DE PLUSIEURS LETTRES.

en an in ein on un ien

comme dans bien.

em am im ain om um

EXERCICE.

ien	an	in	om	ien	en	ein	am
un	um	ien	an	em	in	ien	un
ien	ain	un	ein	ain	un	am	om

SYLLABAIRE.

	en	an	in	ain	on	un	ien
b	ben	ban	bin	bain	bon	bun	bien
c	«	can	cin	cain	con	cun	«
d	den	dan	din	dain	don	dun	dien
f	fen	fan	fin	fain	fon	fun	fien
g	«	gan	«	gain	gon	gun	«
j	jen	jan	jin	jain	jon	jun	jien
k	ken	kan	kin	kain	kon	kun	kien
l	len	lan	lin	lain	lon	lun	lien
m	men	man	min	main	mon	mun	mien
n	nen	nan	nin	nain	non	nun	nien
p	pen	pan	pin	pain	pon	pun	pien
r	ren	ran	rin	rain	ron	run	rien
s	sen	san	sin	sain	son	sun	sien
t	ten	tan	tin	tain	ton	tun	tien
v	ven	van	vin	vain	von	vun	vien
x	xen	xan	xin	xain	xon	xun	xien
z	zen	zan	zin	zain	zon	zun	zien

— 15 —

LECTURE

La bon té du cœur. — Le dan seur de cor de. — Le se rin en vo lé. — La ro-ton de du jar din. — La main du Sau veur. — J'ai vu un beau pin son. — Le sa lon jau ne. — J'ai me Dieu de cœur, d'â me. — Un ban deau cou vre sa tê te. — Em-prun te la mon tre de ta sœur. — La lam pe se se ra é tein te tou te seu le. — Pau lin a un bam bou. — La tem pê te ou l'ou ra gan. — Le mal em pi re. — Il fe ra rô tir le din don. — Si mon a em-prun té mon ca nif. — La pom pe a four ni u ne eau a bon dan te. — On é tein dra ain si le feu. — Il a plom bé ma lam pe. — On lui a am pu té la jam be. — Du pain brû lé. — Le jar din de la rei ne. — Du vi nai gre jau ne. — Le gru au de la fa ri ne. — Le mi li tai re en em bus ca de. — De la ba lei ne. — La fen te d'un mur. — La meu le du mou lin tour ne bien. — Mon li vre se ra le tien. — L'en clu me a re ten ti. — U ne nou veau té. — Com bien ven dra-t-il son pain ? — Un gar dien fi dè le. — Ê tre à jeun. — La pein tu re a é té fai te par In gres. — Le gain a été considérable. — Le sein de la Divinité. — J'ai vu un nain. — Il dira son nom. — Il campera demain à Baujoly. — Le galérien s'enfuira. — Le bien d'autrui. — Il a un pompon soutenu par une baleine. — La boule tourne sur son axe. — Le sien. — Le tien. — Le mien. — J'aime la solitude. — Avoir de la droiture. — Parcourir le jardin. — Prendre un bain. — L'ombre du pin. — Rombeau éclairera la lampe. — Un militaire a été tué. — Il montera sur le mur.

ARTICULATIONS

COMPOSÉES DE PLUSIEURS LETTRES (1).

Prononcez	**ch**	**gn**	**ill**	**ph**
comme dans	riche,	règne,	paille,	sylphe,

	qu	**gu**	
	que,	guenon,	

(1) J'ai cru ne devoir pas parler des articulations doubles, comme : *tr, gr, spl*, etc. La nouvelle application donnée aux consonnes lève toutes les difficultés que faisait naître la rencontre dans les mots de pareilles articulations. Quoi de plus facile à lire que *splendeur, sphère,* si l'on prononce *se pe le en deur, se phe ère !* Il suffit de faire observer à l'élève qu'il n'a qu'à prononcer rapidement les noms des diverses consonnes qui se suivent dans le même mot.

SYLLABAIRE.

	a	e	é	i	o	u
ch	cha	che	ché	chi	cho	chu
gn	gna	gne	gné	gni	gno	gnu
ill	illa	ille	illé	illi	illo	illu
ph	pha	phe	phé	phi	pho	phu
qu	qua	que	qué	qui	quo	«
gu	gua	gue	gué	gui	guo	«

—

	eu	ou	an	in	on	oi
	cheu	chou	chan	chin	chon	choi
	gneu	gnou	gnan	gnin	gnon	gnoi
	illeu	illou	illan	illin	illon	illoi
	pheu	phou	phan	phin	phon	phoi
	queu	«	quan	quin	quon	quoi
	gueu	«	guan	guin	«	«

LECTURE.

Un chou. — Un châ teau. — Une gre-
nou ille. — U ne bû che. — On me cha-
tou ille. — U ne gran de qua li té. —
É loi gne ton che val du pré. — La vi gne
pro duc ti ve. — La ca ille a chan té. —

U ne ri che mar chan de' a a che té mon
é pa gneul. Il a sa li son cha peau. —
Il m'a ta qui né. — Pau lin pren dra un
la xa tif. — La sphè re tour ne. — Il m'a
a pos tro phé. — J'ai ven du son é li xir.
— L'or phe li ne. — Un cha peau de pa-
ille. — Le sei gneur m'ai me. — Ton cou-
teau se rou ille. — Le zé phyr du soir. —
Un dau phin. — Un a ni mal é phé mè re.
— A dol phe par ti ra pour la Chi ne. —
Un pei gne d'é ca ille. — U ne guê pe l'a
pi qué. — Au bin a pro di gué son gâ teau.
— U ne li queur blan che. — Il i ra de main
à la ban que. — La ren con tre é qui vo que.
— La gui mau ve l'a gué ri. — L'an pro-
chain j'i rai à l'é co le su pé rieu re. — Le
ca ta lo gue du li brai re. — Un bon bouil-
illon. — Un cou teau é bré ché. — U ne
te na ille. — Un lor gnon. — Jé rô me au ra
la mé da ille. — La mâ choi re d'un cheval. — Il a lu le feu ille ton de son jour nal.
— Il ai me la vo la ille. — L'écrivain fati-
gué. — Un refrain qui charme. — L'archevêque de Cambrai. — La fête de la chan-
deleur. — Il a souillé son manteau. — Un
cheveu brun. — Il fréquente son camarade.

DE QUELQUES LETTRES DOUBLES.

Deux	bb	*ne valent qu'un* b,	*abbé*	*lisez*	abé.
—	cc	—	c, *accablé*	—	acablé.
—	cq	—	qu, *acquérir*	—	aquérir.
—	ff	—	f, *affamé*	—	afamé.
—	mm	—	m, *somme*	—	some.
—	tt	—	t, *attente*	—	atente.
—	gg	—	g, *aggravé*	—	agravé.

LECTURE.

De la go mme. — Du beu rre ba ttu. — Il a sa cca gé la vi lle. — Il a a ba ttu u ne bé ca sse. — Ma bo nne do nne - moi du pain. — J'ai vu le ca rro sse du roi. — Le chien a é té ba ttu. — Il pou rra sor tir co mme de cou tu me. — L'o ffre a é té fai te. — Ce la pou rri ra. — Le che val pou ssif. — L'a ffai re a é té pé ni ble pour moi. — De la mou sse é pai sse. — U ne po mme mo lle. — U ne co mmo de. — Du poi sson. — A ccroî tre u ne pro prié té. — Il lui a donné une accolade. — La griffe du vautour. — L'étoffe épaisse. — La patte de la chatte. — Il a troué sa bottine. — J'ai rencontré ma marraine ainsi que mon par-rain. — Un carreau de vitre.

IRRÉGULARITÉS.

ç	se lit comme	S,	exemple :	*caleçon.*
c	suivi de *e* ou de *i*, se lit comme	S,	—	*ceci.*
g	suivi de *e* ou de *i*, se lit comme	j,	—	*sage, rougir.*
q	(qu'on prononce *cu*), se lit comme	C,	—	*coq, piqûre.*
s	entre deux voyelles, se lit comme	Z,	—	*église.*
t	devant un son commençant par *i*, se lit souvent comme	S,	—	*ration.*

LECTURE.

Le reçu du propriétaire. — Il a conçu un soupçon. — Le poinçon pointu. — Blanchir un caleçon. — Bâtir une façade. — De la cendre chaude. — Le juge du canton. — Un bagage. — Une égide le protége. — Il a bu du cidre. — Un citron jaune. — Durcir un œuf. — Le registre du receveur. — Il a suivi un régime rigide. — La gerçure. — La ration du militaire. — Il mange de la gibelotte. — De la porcelaine. — La rinçure du vin. — La glace a fondu. — L'anneau nuptial. — La toison d'or. — La leçon avantageuse. — Une fraction décimale. — La nation française. — Un courtisan. — Une épouse docile. — La cloison du jardin. — Une rose rouge. — Le factionnaire a déserté. — Il a ciré sa chaise.

IRRÉGULARITÉS.

es	dans les mots d'une syllabe, se lisent	è,	*mes, tes.*
er, ez, et	à la fin des mots, se lisent	é,	*aimer, avez, mousquet.*
e	suivi de deux consonnes, se lit	è,	*elle, atteste.*
em, en,	se disent quelquefois,	a,	*femme, ennoblir.*
gea, geo	se lisent	ja, jo,	*il nagea, flageolet.*

LECTURE.

Tu es assez poli. — Mes. — Tes. — Ses. — Les. — Des. — Ménagez votre santé. — Respectez votre père et votre mère, aimez-les. — Écoutez votre maître. — L'erreur est pernicieuse. — Adorer Dieu. — Persévérer dans la vertu. — Fréquenter l'église. — Aller au catéchisme. — Il protégea l'innocence. — Le flageolet du berger. — Travailler ardemment. — Le perroquet du boulanger. — Il badigeonne sa maison. — Un coutelier. — Estimez celui qui est sage. — Tu es querelleur. — La raquette de Jean a été promise à Estelle. — Attendez que son esprit se développe. — La femme du portier. — Le cheval ne bougea que lorsqu'il mangea l'avoine. — Le pigeon s'enfuira. — Un bonnet de coton. — Le meurtrier sera puni. — Évitez le mensonge.

IRRÉGULARITÉS.

X	quelquefois se lit	**gz,** comme dans	*examiner.*	
ll et **il**	quelquefois se lisent	**ill,** —	*fille, babil.*	
y dans le corps d'un mot, et précédé d'une voyelle, est employé pour deux	**ii,** —		*moyen, pays.*	

LECTURE.

On m'a nommé exécuteur testamentaire.
— L'exemple sera suivi avec attention. —
Avoir de l'exactitude. — J'irai à l'exercice.
— Il exagère. — Le travail rapporte ; le
babil ne rapporte rien. — La fille sage. —
Le soleil brille. — Une belle vieillesse. —
Un éventail de la Chine. — Un conseil sa-
lutaire. — La grille du parc. — Cette femme
babille. — Une vieille bien respectable. —
Un coquillage de mer. — Un tuyau. — Le
travail a été le moyen sûr qu'il a employé
pour devenir riche. — Dieu exauce la
prière de la fille sage et studieuse. — Dieu
bénira cette nombreuse famille. — Un
noyau de pêche. — Tutoyer son ami. —
Une ville commerçante. — Être renvoyé
pour mauvaise conduite. — Le pays de

France. — Une pompe royale. — Fusiller un criminel. — Un baril de poudre. — Une vrille a percé la porte. — Examinez votre conduite avec attention. — Il a essuyé sa main. — Sauver un noyé mérite de l'éloge. — Il m'a tiré l'oreille. — Essayer sa force. — Le charron a fait un moyeu.

LETTRES NULLES.

La lettre **h** (prononcez *ache*) est toujours nulle quand elle n'est pas précédée de *c* ou de *p* :

le bonheur, l'homme ; *lisez le boneur, l'omme.*

e est souvent nul, comme dans

il priera, je prie ; *lisez il prira, je pri.*

Les consonnes finales sont nulles, comme dans

plomb, chat, ils prient ; *lisez plom, cha, il pri.*

LECTURE.

S'asseoir sur un ban*c*. — Tu marche*s* d'aplom*b*. — Il*s* lisaie*nt* ensemble. — Il*s* dormaie*nt* for*t* tranquille*s*. — Les vaches beugle*nt*. — Les champs sont dévastés. — Les brebi*s* bêle*nt*. — Elles se nourrisse*nt* d'*h*erbe. — Surseoir. — Il nettoie*ra* son fusi*l*. — Les bille*s* d'un billar*d*. — Lire des facétie*s*. — Les cha*ts* miaule*nt*. — Des mule*ts* traîne*nt* la voiture du pape. — Tu aime*s* les noi*x*. — Il s'*h*abille seul. — Ces enfant*s* son*t* gentil*s*. — Agir prudemme*nt*. — Du dra*p* ver*t*. — Voyez-vous ces méchant*s* enfant*s* qui jette*nt* des pierre*s* à ceux qui passe*nt*....! Ne mérite*nt*-ils pas le châtime*nt* qu'à la prière d'Élisée le Seigneur fi*t* subir aux enfant*s* qui n'eure*nt* pas *h*onte d'insulter ce prophète? Comme ceu*x*-ci ne devraie*nt*-ils pas être dévoré*s* par des ours affamés?

Combien son*t* admirable*s* les enfant*s* qui, à l'exemple de Salomon, demande*nt* à Dieu, lorsqu'il*s* le prie*nt*, la sagesse! — Si leur cœur est pur, ils doive*nt* être exaucé*s*; et leur conduite régulière doi*t* leur mériter l'attacheme*nt* et les bontés de tous ceux qui les connaisse*nt*.

MOTS IRRÉGULIERS.

Août,   Faon,   Laon,   Saône,   Paon,
Prononcez où,   fan,   lan,   sône,   pan,

Équateur, Aquatique, Quadrupède, Équation,
—   écouateur,   acouatique,   couadrupède,   écouation,

Quadragénaire, Quadruple, Mentor, Européen,
—   couadragénaire,   couadruple,   mintor,   européin,

Écho,   Chœur,   Choriste,   Hymen,   Jérusalem,
—   éco,   cœur,   coriste,   imène,   jérusalèm,

J'eus,   Tu eus,   Il eut,   Nous eûmes,   Vous eûtes
—   J'u,   Tu u,   Il u,   Nous umes,   Vous ûtes,

Moelle,   Moellon,   Radoub,   Rhombe,
—   moile,   moilon,   radoube,   rombe,

Second,   Bruxelles,   Auxerre,   Soixante,
—   segon,   brusselles,   ausserre,   soissante,

SIGNES POUR LA PONCTUATION.

,   ;   :   .   ?

Virgule, point et virgule, deux points, point, point interrogatif,

!   .....   ( )   « »

point exclamatif, points suspensifs, parenthèses, guillemets.

§   *   ..   '

paragraphe,   astérisque,   trema,   apostrophe,

ABRÉVIATIONS.

M.	Monsieur.	S. Exc.	Son Excellence.
MM.	Messieurs.	S. S.	Sa Sainteté.
Mme	Madame.	C.-à-d.	C'est-à-dire.
Mlle	Mademoiselle.	N°	Numéro.
M^e	Maître.	N. B.	Nota benè.
M^d	Marchand.	P. S.	Post-scriptum.
Le S^r	Le Sieur.	Ex.	Exemple.
S. M.	Sa Majesté.	Etc.	Et cætera.
S.A.R.	Son Altesse Royale.	T.S.V.P.	Tournez s'il vous
S. E.	Son Éminence.		plaît.

AVIS

C'est à présent que le maître doit veiller avec soin à ce que l'élève se conforme, en lisant, aux règles de la ponctuation, à la liaison des mots, et aux autres règles que l'usage et la bonne prononciation prescrivent.

A L'ÉLÈVE.

Vous êtes arrivé, mon jeune ami, au but auquel vous tendiez en commençant cette méthode : vous connaissez maintenant tout ce qu'il est nécessaire que vous sachiez pour lire dans tous les livres. Remerciez Dieu d'avoir bien voulu soutenir vos efforts et de vous avoir donné l'intelligence qui vous a fait vaincre aussi facilement, et avec tant de promptitude, les obstacles que vous aviez à surmonter. Actuellement que vous savez lire, vous pouvez vous livrer à toutes les études que nécessitent votre éducation, l'état que vous voulez embrasser, et la position que vous devez avoir dans le monde. Votre instruction va grandir avec rapidité. Ne faites usage de cette première connaissance que vous venez d'acquérir que pour vous rendre meilleur et former votre cœur à la morale, à la vertu; ne choisissez que de bons livres, parce que rien n'est dangereux, à votre âge, comme une mauvaise lecture. Que les premiers germes qui vont entrer dans votre cœur soient des principes de bonne conduite, des sentiments d'amour et de respect pour vos parents et pour votre maître, d'affabilité pour vos condisciples. Ayez la ferme volonté de toujours suivre le chemin sur lequel se trouvent l'estime et la considération publiques.

LA TERRE.

La *terre*, sur laquelle nous marchons, est une très-grosse boule suspendue dans l'immensité. La terre tourne sur elle-même en vingt-quatre heures, ce qui produit le jour et la nuit; elle décrit en un an un cercle autour du soleil. Ces deux mouvements de la terre sont à peu près ceux d'une toupie qui, en courant, tourne rapidement sur son clou.

Le dessus de la terre est en grande partie couvert d'eau; cette étendue d'eau s'appelle *mer*.

Une infinité d'êtres peuplent la terre. Les poissons nagent dans les eaux; les oiseaux volent dans les airs; des animaux de diverses espèces vivent sur terre.

Cette terre, ces eaux, ces animaux, le soleil, la lune, les étoiles, n'ont pas toujours existé; c'est Dieu qui, il y a environ six mille ans, a créé l'univers entier.

Admirons la toute-puissance de Dieu et l'infinité de sa grandeur! Qu'une sainte crainte nous anime toujours, qu'elle nous fasse combattre la paresse, fuir le mensonge; qu'elle nous encourage à l'application, à l'amour de nos parents, et à toutes les vertus qui mériteront la protection divine.

HISTOIRE DE L'HOMME.

Lorsque Dieu eut créé le ciel et la terre il fit le premier homme, qu'il appela *Adam*, et le plaça dans un jardin délicieux (le Paradis terrestre), où il devait vivre toujours. Il lui donna une compagne qu'il nomma *Ève*.

Adam et Ève désobéirent à Dieu, qui les chassa du Paradis terrestre et les condamna aux maux de la vie et à la mort.

Adam et Ève eurent pour enfants *Caïn* et *Abel*. Caïn devint jaloux de son frère et le tua. Ce fut le premier crime.

Les hommes se corrompirent. Dieu les anéantit en inondant la terre. La famille d'un homme juste, appelé *Noé*, fut seule préservée. Elle se réfugia dans un vaisseau ou arche que Dieu lui avait ordonné de construire.

Les eaux qui couvrirent la terre s'écoulèrent. Les descendants de Noé s'étant multipliés, se séparèrent et peuplèrent la terre de leurs nombreuses générations.

LES SENS.

Pour guider l'homme sur la terre et lui faire éviter les dangers auxquels il est exposé, Dieu lui a donné les *sens*, qui sont au nombre de cinq : le *toucher*, l'*odorat*, le *goût*, l'*ouie* et la *vue*.

Le *toucher* nous fait apprécier les sensations qui résultent du contact de notre corps avec d'autres objets.

L'*odorat* nous fait juger des bonnes ou des mauvaises odeurs.

Le *goût* nous permet de reconnaître la saveur des différentes substances.

L'*ouie* nous fait entendre les sons produits par les corps mis en mouvement autour de nous.

La *vue* nous fait juger de la grandeur, de la couleur et de la forme des objets.

DEVOIRS ENVERS SES SEMBLABLES.

Tous les hommes sont frères et doivent s'aimer comme tels. Dieu nous a doués d'une faculté qu'il a refusée aux autres animaux : c'est la raison. La raison éclaire notre conscience, cet autre sentiment qui nous fait apprécier le bien et le mal. En créant en nous cet instinct de conservation qui fait que nous évitons tout ce qui peut nous nuire et que nous recherchons tout ce qui peut nous être agréable, Dieu a placé en notre cœur ce précepte qui est la loi de tous les honnêtes gens :

FAIS AUX AUTRES CE QUE TU VOUDRAIS
QU'IL TE FUT FAIT.

Cette courte maxime contient tous les devoirs que les hommes se doivent entre eux.

DEVOIRS ENVERS LES PARENTS.

A peine un enfant commence-t-il à être éclairé par la raison, que sa première pensée est une pensée d'amour pour les auteurs de son existence. Son cœur le porte naturellement vers sa mère, qui prend tant de soin de son enfance, surveille ses premiers pas, fournit à tous ses besoins.

La religion fait à l'enfant une loi de cet amour et de ce respect que la nature lui a gravés au fond du cœur :

Tes père et mère honoreras
Afin que tu vives longuement.

Un enfant doit donc à tout âge s'approcher de ses parents avec un extérieur qui peigne la soumission, le respect et l'affection ; il doit écouter leurs conseils et faire ses efforts pour en profiter, exécuter leurs volontés avec l'empressement que l'amour seul inspire.

Un fils doit toujours conserver pour ses parents l'amour et le respect que la nature et la religion lui inspirent. Il doit, quand son père et sa mère deviennent vieux, infirmes ou malheureux, soulager leur vieillesse. Dieu n'abandonnera jamais le fils laborieux et au cœur plein de vertu qui s'imposera des privations pour alimenter son père.

DIVISION DU TEMPS.

Le temps se divise en trois parties : le *passé*, le *présent* et l'*avenir*. Il faut connaître le passé pour acquérir l'expérience nécessaire pour bien employer le présent, et se conduire pendant le présent de manière à n'avoir rien à craindre de l'avenir.

Le temps qui s'écoule depuis le lever du soleil jusqu'à son coucher, en y joignant la nuit, s'appelle *jour*.

Trente jours font ordinairement un *mois* : douze mois font un *an*. Ces douze mois se nomment : *janvier, février, mars, avril, mai, juin, juillet, août, septembre, octobre, novembre, décembre.*

Une *semaine* comprend sept jours ; en voici les noms : *lundi, mardi, mercredi, jeudi, vendredi, samedi, dimanche.*

L'année se divise encore en quatre saisons ; la durée de chacune est de trois mois.

Le *printemps* est la saison qui amène la verdure et les fleurs, l'air se remplit alors d'un doux parfum ; les oiseaux retrouvent leurs chants mélodieux. Cette saison commence le vingt et un mars.

L'*été* est la saison la plus chaude ; il commence le vingt et un juin.

L'*automne*, si agréable à cause des raisins et des fruits de toute espèce qu'il nous procure, commence le vingt et un septembre.

L'*hiver* est la saison des neiges et de la glace ; alors les arbres sont sans feuilles. Cette saison commence le vingt et un décembre.

Cent ans forment un *siècle*.

Pour apprécier le temps qui s'écoule, nous avons choisi une époque : c'est le jour de la naissance de Jésus-Christ. Ainsi, quand nous disons que nous sommes en mil huit cent cinquante-deux, nous voulons exprimer qu'il s'est écoulé mil huit cent cinquante-deux ans depuis que Jésus-Christ est né.

FIN.

www.ingramcontent.com/pod-product-compliance
Lightning Source LLC
Chambersburg PA
CBHW060806280326
41934CB00010B/2584